毎日の小さな問いかけで
大きな変化を生む方法

10秒で人生が変わる

100の
魔法の質問

マツダミヒロ

10 seconds can change your life

100 Magic Questions

かや書房

はじめに

あなたは自分の声を聞いていますか?

ぼくたちの日常は、多くの予定やタスク、情報にあふれています。
朝から晩まで忙しく動き回り、自分の時間を確保するのが難しい。

気づいたら日々の慌ただしさに追われて、あっという間に1日が終わり、
時には「何のためにこんなに頑張っているんだろう」と
感じることもあるのではないでしょうか。

そんな忙しい日々の中で、ふと立ち止まる瞬間を作ること。

それはとてもシンプルで、でも驚くほど豊かな変化をもたらしてくれるものです。
この本は、そんな瞬間をあなたに届けるために生まれました。

ここには、ぼく自身が人生で何度も救われた「質問」が詰まっています。

質問に出会うと、自分でも思いがけない答えが浮かぶことがあります。
それは、心の奥深くに眠っていたあなたの本当の声。
その声を聞き、自分が本当に大切にしたいことに気づくこと。
それが、この本の目的です。

質問に答えるのに必要な時間は、たったの10秒。

ですが、その10秒があなたの毎日や未来を大きく変えるきっかけになることもあります。

この本にある質問は、どれも短く、誰でもすぐに取り組めるものばかりです。

「難しいことを考えなければならないのでは？」と心配する必要はありません。
答えは、正解でも間違いでもありません。
今のあなたが感じることをそのまま素直に受け止めてみてください。

例えば、「どんな感謝を伝えますか？」という質問。
忙しい毎日では、感謝の気持ちを抱く余裕がなくなりがちです。
でも、この質問を目にした時に、
「そういえば、家族が今日も健康でいてくれることがありがたいな」と気づけたら、
それだけで心が温かくなるかもしれません。

ぼくがこの本を通じて伝えたいのは、
「質問に答えることは、自分の声を聞くこと」というシンプルなメッセージです。

そして、その自分の声に耳を傾けることこそが、
人生をより豊かにしていく鍵なのです。

この本の質問たちが、
あなたの人生の中でどんな小さな変化を起こしていくのか、
ぼくもとても楽しみにしています。

一緒にその変化を味わいながら、答えてみましょう。

第1章

人間関係編

魔法の質問1　「家族でどんな気持ちになりたいですか？」
魔法の質問2　「身近をどのように幸せにしますか？」
魔法の質問3　「悩んだ時に、どんな問いが生まれましたか？」
魔法の質問4　「どんな姿を見せますか？」
魔法の質問5　「何を置きますか？」
魔法の質問6　「何が最も大事ですか？」
魔法の質問7　「どんな人と過ごしたいですか？」
魔法の質問8　「悩みにどう応えますか？」
魔法の質問9　「共に何から始めますか？」
魔法の質問10「今日はどんな感謝を伝えますか？」
魔法の質問11「本音の関係ですか？」
魔法の質問12「何を対話しますか？」
魔法の質問13「どんな助けを求めたいですか？」
魔法の質問14「想いに、想いをのせていますか？」
魔法の質問15「愛のつもりで犠牲をはらっていませんか？」
魔法の質問16「いつ、時間を取りますか？」
魔法の質問17「誰に、生まれてきてくれてありがとうと
　　　　　　　いいますか？」
魔法の質問18「3人で何をしたいですか？」
魔法の質問19「相手の本当の想いは何だと思いますか？」
魔法の質問20「自分とどんな付き合い方をしていますか？」
魔法の質問21「誰を応援しますか？」
魔法の質問22「関心を持つには？」
魔法の質問23「どんな距離がベストですか？」
魔法の質問24「どんな時も与えていますか？」

第1章　人間関係編　4
第2章　スタイルライフ編　54
第3章　ビジネス編　98
第4章　お金編　144
第5章　未来編　170

第1章●人間関係編

魔法の質問1

家族で
どんな気持ちに
なりたいですか？

・・・

どんな暮らしが自分にとって、幸せか？
どんな条件かを探すよりも、どんなことを感じれたら幸せかを見つけてみよう。条件は変わったり失ったりすることもあるけど、感情はいつでもすぐに手に入れられる。2人で、家族で、どんなことを感じ、味わいたいか。それを見つけよう。

みんなの答え

- 心から笑い合える気持ち

- 安心安全な空気で
ほっとできる気持ち

- 同じことで笑えるといいな

- あたたか〜い気持ち

- 楽しい家族の笑顔で、
「ここにいて良かった」
と思える気持ち

- いってらっしゃい。
おかえりなさい。
ありがとう。ハイタッチ！

魔法の質問2

身近をどのように幸せにしますか？

人は知らず知らずのうちに、遠くを幸せにしがちになる。
世の中をもっと良くしたい。日本をどうにかしたい。地域を活性化させたい。会社を良くしたい。友達を喜ばせたい。しかし、もっともっと身近なところを幸せにしよう。家族をどれだけ喜ばせるか？ そしてその前に、自分をどれだけ幸せにするか。そこから始めよう。

みんなの答え

● 家族や同僚を褒めまくる。
ありがとうを伝える。

● 自分のトリセツを作る。
自分の気持ちを吐き出す。
自分の時間を持つ。

● ゆっくり呼吸し、
ゆっくりうなずき、
じっくり相手の話を聞く。
相手が幸せになれるような
考えが浮かんだら、
素敵な質問を投げかけたい。

● 家族、友人、職場の仲間が
喜ぶことを考えて行動する。
物でなくても、
心が喜ぶプレゼントを贈る。

● 新たに預かる子猫が、
今いる猫となじむとよいな。
猫たちとの生活を楽しんで、
幸せになれたらいいなー。

魔法の質問3

悩んだ時に、どんな問いが生まれましたか？

悩むことは悪くない。
でも、悩み方を知らないとうまく悩むことができない。きっとあなたは、あえて悩みを作るために、悩んでいるわけではないだろう。悩むということは、何か現状では嫌だということ。そして、それを解決したいと思っている。悩みが生まれたら、問いが生まれる。問いが生まれたら、答えが生まれる。これで、悩みは解決していく。悩んだ時に、問いが生まれるように悩んでみよう。

みんなの答え

● 「何に一番困っているんだろう？」

● 「この人でいいのか？
　この職場でいいのか？」
と自問自答していたけど、
イヤな気分にしかならなかった。
答えがでる質問に変えよう。
「今、この状況で何をしたらベスト？」

● いつも悩むだけで
問いが生まれてなかった！
「今、自分ができることは何か？」

● 「その先にあるのは本当に在りたい姿？」

第 1 章 ● 人間関係編

魔法の質問 4

どんな姿を見せますか？

・・・

なりたい自分になってほしい。
自分の子や関わっている子達にはそう思いたくなる。その一番の近道は自分が、なりたい自分になること。もしくは、そこに向かい続けていることを見せること。言葉で伝えるのではなく、姿で見せる。
背中が語ることは、言葉よりも伝わっていく。

みんなの答え

●人前で堂々と感じたことを喋れる人。

●いつも子どものように
目をキラキラ輝かせて
毎日を夢中で楽しんでいる姿。

●ありのままの姿。

●しっかり前を見て、
転んでも起き上がり、前進する姿。

●喜怒哀楽を隠さず、大人ぶらない姿。
出来ないこと、
分からないことだらけだから。

●好きなことをしながら、
安心してたくさんお金を稼ぐ姿！

第 1 章 ● 人間関係編

魔法の質問 5

何を置きますか？

― • • • ―

伝えたいと思うことは伝わらなくていい。
伝えようとするのではなく、伝えたいことをそこに置くだけ。その置いたものを相手が拾いたい時に、拾う。伝えることは自分のタイミングでできるけど、受け取るのは相手のタイミング。だからこそ、相手が拾えるものをたくさん置いておこう。

みんなの答え

● 「会いたい」「会って話したい」
そんな思いを置きます

● ひらめきをふんわり置く。
前に飛ばそうと無理せず、
ギフトを扉の前に置く
サンタクロースみたいに。

● 自分の情熱！

● 父に「父のこと大切に思っているよ」
という思いを置きたい。

● 「いつでも待っているよ♪」
という気持ち

● 「何があってもきっと大丈夫！」
という気持ち

● たくさんの伝えたい大切な思いを
形にして置く。いつか誰かのベストな
タイミングで拾ってもらえたら嬉しい。

魔法の質問6

何が最も
大事ですか？

・・・

大事なものはたくさんある。
そして、それを全部手に入れたままにしておきたい。
それも可能だけど、その中で最も大事なものは何かを見つけてみよう。自分にとっていちばん大事なもの、家族にとっていちばん大事なもの。その大事なものを最も大事にして決断してみよう。

みんなの答え

●呼吸…いまこの瞬間。
永遠の優しさとともに在る確かさ！

●自分が言葉にしたことを尊ぶこと

●愛と感謝の気持ち　●笑顔！

●息子たちとの時間

●やりがい、手応えのある仕事

●望みを持つこと　●赦(ゆる)すこと

●健康で生きていること　●自由

●安心していられる居場所。
それを一緒に作る家族や仲間

●相手を思い、あたたかい気持ちが
こみ上げる、今この瞬間

第 1 章 ● 人間関係編

魔法の質問 7

どんな人と
過ごしたいですか？

- ● ●

誰と一緒に過ごしていこうか。
別にずっとずっと一緒でなくてもいい。これをするときはあの人と。あれをするときはこの人と。ちょっとだけでも一緒にいたい人を増やしていこう。気づいたらたくさんの人が周りにできるはず。

みんなの答え

● いつも前向きなあの人^ ^

● 良いところもそうじゃないところも、認め合って応援しあえる人♡

● 同じ目標に向かって前に進んでいく明るい人

● いつも私の後ろにいて、見守ってくれるあなたと

● すっぴんの私、飾らないそのままの全ての私を受け入れてくれる人、性別関係ないソウルメイト！

● リラックス出来る人、輝き刺激を受ける人、美味しくごはんを食べる人。頼れる人。本来の自分でいられる人。尊敬できる人。推し！

第1章●人間関係編

魔法の質問8

悩みに
どう応えますか？

・・・

悩みを聞いた時、それに応えてあげよう。
応えるというのは答えを教えるということではない。受け止めてあげ、愛のある選択肢をいくつか提示し、相手の答えを信じるということ。1つの答えをアドバイスとしてはいけない。考えるのは悩んでいる相手。選ぶのも相手。そして相手がどの選択をしても、幸せになれる力を持っていることを信じよう。

みんなの答え

●どう思っているかをひたすら聞く！

●ちょっと鬱々(うつうつ)としてる
娘の相談に乗っているけど、
寄り添うこと、
見守ることの難しさに直面中。
私も娘も試練だなあと思う日々……

●相手の答えを信じることが、
悩みに応えることなのかな ^_^

●相手の話をじっくりと聞く時間は、
相手が何を望んでいるかを把握する時間。
できるだけ選択肢を提供することが
相手へのプレゼントになるのかも

●「どうしたらいいと思う？」「そうなんだ」
「どうなったらいいと思う？」「そうなんだ」
愛ある心で、相手にずーっと寄り添います

魔法の質問9

共に何から始めますか？

・・・

1人で頑張る。
それをしていると、いつか力尽きる。片方が片方を引っ張るのではなく、共に歩んでいく。共に創り上げる。そのためには、どんな関わりがいいだろう。どんな役割がいいだろう。一緒にやらなくても、共に創り上げることはできる。

みんなの答え

- 呼吸を合わせる意識で、共に楽しむ意識を持つ！

- お互いを感じながら生活する

- お互いに自立していない関係はいつか破綻する。依存しない関係。互いに自立した上で、得手不得手を補い合うのが理想

- 対話！

- 自分のこと、思いを伝えてみる＾＾

- 共にビジョンや思いを共有し合うことから始めたい

第1章●人間関係編

魔法の質問10

今日はどんな
感謝を伝えますか？

・・・

周りには、たくさんの感謝のもとがある。
そのもとをたくさん見つけてみよう。今まで当たり前と思っていたこと、気づきにくかったこと。それらを見つけて感謝を伝えてみよう。伝えれば伝えるだけ感謝は巡ってくる。

みんなの答え

●絶えず動いてくれている自分の体に
「ありがとう」

●今日もいい気分な自分に
「ありがとう」。
道すがら素敵なお花の匂いに
「花を植えてくれてありがとう」

●社長が忘れっぽくて
困ることが増えてきた。
でも、健康でいて
私を雇ってくれていることに感謝。
何に注目するかで幸せって変わるんだなぁ

●地球に遊びに来れたこと!! 笑

●ルーズで大事なことが
時々抜けてしまう私。
そんな私の子どもでいてくれて、
本当にありがとう!

魔法の質問 11

本音の
関係ですか？

● ● ●

本音で語り合う関係性を作ろう。
気兼ねすることなく、気を使いすぎることなく、本音で語り合えるように。相手のことを思えば思うほど、話せる言葉を選んでしまう。少なくなってしまう。それは優しさかもしれないが、もっと自分に素直になってみよう。きっと本音でも相手は受け止めてくれる。

みんなの答え

●私はいつも本音。
けれど、相手はどうだろう。
やはり本音がいい

●怖がらず、本音でぶつかってみよう。
相手の心に触れたい

●本音の関係と言える人はいる。
でも、なんでも本音が良いとは思わない

●「私はこう思う！」
と言えるように心がけています

●本音で話せていません……。
負担に感じています。
「本音で話せないのはなぜですか？」

●まだどこかに「よく思われたい」
という思いがあるのかも

第1章●人間関係編

魔法の質問12

何を
対話しますか？

・・・

情報を受け取るのも大事だけど、時に情報を遮断することも大事。
あまりに情報が多い時は、不必要に不安になることもある。そんな時はひっそりとキャンドルでも灯してじっくりと自分と対話してみよう。家族がいれば家族で対話してみよう。嵐の夜でも心は穏やかに。

みんなの答え

● どう生きたいか。
自分は何をしたいのか

● 今一番楽しいこと、
興味のあることを家族で！

● こっそりささやきながら、
自分に聞いてみる。
「あなたがやりたくないことは？」

● 少し先の自分に聞いてみる。
私は何をしていて、何を楽しんでいて、
誰といて、どこにいて、何を考えているか。
「幸せな毎日を送っている？」

● 自分の恐れていることについて

● 今、一番ワクワクすることは何か。
それこそが一番自分のしたいこと！
他人軸ではなく、
「自分軸」にゆっくりと軸を戻したい

第1章●人間関係編

魔法の質問 13

どんな助けを
求めたいですか？

「助けて！」と、言ってみよう。
でも、それを言う相手が誰かも重要。大変だと思っている時、その渦中にいる人だけで解決しようと思っていてもうまくいかない。うまくいっている人で関わりが深い人に助けを求めてみよう。1人で頑張っていてもできることはあるかもしれないけど、「ホントは困ってて」ということを言ってみよう。家族のような関係だからこそ何を言っても大丈夫。

みんなの答え

● 助けを求める人がいない時は、
どうしたらいい？
共感して導いてくれる人が
いてくれたら…って思う

● 自分の心情を吐き出すのを
助けてもらいたい

● 苦しい時、何でも打ち明けられる
助けが欲しい

●「助けて」と言葉に表すことが怖かった。
でも、勇気を出して声を上げると、
近くで見守ってくれる人が
いることに気がついた

● とにかく安心感が欲しい！
「絶対大丈夫」と言ってくれる人

第 1 章●人間関係編

魔法の質問 14

想いに、想いを のせていますか？

・・・

これがしたい、これにチャレンジしてみたい。
そんなふうに思って親やパートナーにやりたいことを伝えたこともあるかもしれない。でも、その度に否定されたり、反対されたりする。そんな時は、「なぜ、それをやりたいのか？」「どんな想いでそれをやりたいのか？」「なぜ、今なのか？」「なぜ、私がやらなければいけないのか？」。
これらの本当の答えをまずは、自分が知ろう。そして、その答えに想いをのせて伝えてみよう。きっと、想いは届くはずだから。

みんなの答え

●なぜ自分が
今それをしなくてはいけないのか。
その必然性は伝えていなかったかも。
自分の中で十分に熟した思いであれば
伝えられるはず

●私は子どもの応援がしたい。
なぜ？ 大好きでずっと見ていたいから。
私はカウンセラーになりたい。
なぜ？ 人の役に立つと嬉しいから

●愛される支店に育てたい！
それにはまず
こちらからお客様を好きになろう！

●してなかったー。想いだけだったので、
大事なことほど意識しよう

第 1 章 ● 人間関係編

魔法の質問 15

愛のつもりで犠牲をはらっていませんか？

自分を犠牲にすることが、相手を愛するということではない。
相手を想うこと、相手を愛すること。それと同時に、自分を想うこと、自分を愛すること。この2つを同時にすることが、自分も相手も大切にするということ。どちらかを選び、どちらかをあきらめるのではなく、両方とも大切にしていこう。

みんなの答え

●自分で自分を満たした時、
相手を満たす余裕というか、
「愛」が生まれるのではないかなぁ。

●両方とも大切にできないと
本当の意味で対等ではないのかも

●犠牲だと思ってイヤイヤやると
相手もありがた迷惑だし、自分もしんどい。
喜んで犠牲になればいいんだと思う

●犠牲ばかりだった。
だから、全く楽しくなかった。
家族のため、母なんだからと辛かった!!
めちゃくちゃ辛かった!!
今は自分の感じたことを
全部受けとめてあげています

第1章●人間関係編

魔法の質問 16

いつ、時間を
取りますか？

・・・

いつも一緒にいるからこそ、あえて話す時間をとろう。
なかなか会えなければ話す時間も意識的に取るけれど、一緒にいるとわざわざ取ることはしない。
でもそんな状態だからこそ、話すことが必要。何気ない会話もいいけど一つのことについて話し合ってみよう。

みんなの答え

●スマホも一切持たずに
1日1回一緒にウォーキングする

●近々旅行に行くから、
その時に

●今日❣

●今夜、夕ご飯の後。忘れないように
予定に書き込んだ

●先週久しぶりに
ランチに誘ってもらって、ゆっくり話せた。
その日はとても心が満たされた気分だった。
年に数回しかないけど、
もっと増えるといいな！

●食事の後、眠る前

●電車で出かける時

第 1 章 ●人間関係編

魔法の質問 17

誰に、生まれてきてくれてありがとうといいますか？

生まれてきてくれてありがとう。
そんな言葉を伝えてあげたい。あなたの存在があるだけで喜びがある。ちいさなちいさな存在だけど、おおきなおおきな存在。1人の存在は誰かを幸せにしてくれる。

みんなの答え

● 好きな人、大切な人、
私に関わってくれる全ての人に、
生まれてきてくれてありがとう！

● 大好きな人！ 甥っ子！ so cute！

● 自分自身、愛する人たち

● 3人の孫。仕草やお喋り、
それを見たり聞いたりするだけで
笑顔になれて、幸せ

● 子どもたち。
いつもガミガミ言うこともあるけど
ごめんね…

● いまは亡き父母へ。
父母のお陰で生まれてこれたから

● 仲間　● 素敵な音楽を届けてくれる人

第 1 章 ● 人間関係編

魔法の質問 18

3人で何をしたいですか?

・・・

1人でやるよりも2人でやったほうが早く終わる。2人でやるよりも3人でやったほうが早く終わる。3人寄れば足りないところを補い合え、1人で悩んでいるよりも物事が一気に進む。常にでなくてもいいから、時には3人で集まり取り組んでみよう。あなたは、どんな人達とどんなことに取り組みたいだろう。

みんなの答え

● チームを作ってイベントがしたい！

● お互いの夢を叶えるために
アイデア出し合い会！

● 予祝会。それぞれの夢を叶えるために
お互いの夢を語り合い、
それが叶った時の
スピーチをして乾杯する♪

● 自分の持っている技術を
それぞれが出す
ロールプレイングがやりたい

● 旅したい！

● 三者三様の長けた分野で、
三人で起業したいですね

● 三人集まった場所の後方支援。
これもまた楽しい。

魔法の質問 19

相手の本当の想いは何だと思いますか？

自分がいいと思うことを相手に押し付けるのはやめよう。
自分がダメだと思うことを相手に押し付けるのはやめよう。自分の立場や感情に関係なく相手を尊重し、相手の答えを大事にする。そんな関わり方を大切な人だからこそしていきたい。

みんなの答え

●自分のことを大切に思ってほしい

●話をただ聞いてほしい。

●言葉や行動に惑わされず、
相手を信頼して待つと分かると思う。

●相手自身にも
分かっていないことなのでは？

●分からない。聞いてみたところで
相手の本当の想いは分からないと思う。

●相手には相手の正義があるから、
理解できなくても当然仕方ないんだよね〜。
身近な人ほどお節介との
境界線がムズカシイ……

魔法の質問 20

自分とどんな付き合い方をしていますか？

・・・

ベストパートナーが見つかるためには自分とベストパートナーにならなければいけない。
自分とつながれない人は他の人とつながれない。自分の本当の声を聞けない人は相手の本当の声を聞くことができない。自分と真摯(しんし)に対話できない人は相手と真摯に対話ができない。自分とつながった時、本当につながるべき相手とつながることができる。

みんなの答え

●本当の自分かぁ、
一番分からないというか、
うやむやにしているように思う。
まず自分の心の荷物を降ろしたい。
それから自分のしたいこと、
喜ぶことをゆっくり考えよう

●自分の気持ちに気づいて、
ただ受容している

●今までコンプレックスに思ってた
私の1つ1つに誠意をもって謝った

●自分のどんな小さな思いでも
叶えてあげる

●無関心でいつも
後回しにしている……

第1章●人間関係編

魔法の質問21

誰を応援しますか？

応援される生き方をしていこう。
そのためには相手に気づかれないように相手を応援すること。それが積み重なった時、知らないうちに応援されている。応援してくれる人がたくさんいれば何も怖くない。

みんなの答え

- 自分、家族、大切な人たち！

- 家庭環境などが原因で
勉強できない女の子達。
私がこれまで助けてもらったように
彼女たちを支えたい。

- ご縁のある全ての方！

- これまで自分にとても厳しくしてきた。
つらくても動いて、心身ともに崩れても、
まだ自分に厳しかった。
私を応援する私になりたい

- 大好きな友人の顔が真っ先に浮かんだ！

- 実家の壁面にはってくる蔦(つた)を
こっそり剪定(せんてい)したり、
本屋でウェブやマクロの本を読んで、
職場のみんなの仕事が効率よくなる
ツールを考えたりしている。
みんながしんどくないのがいいから。

第 1 章 ● 人間関係編

魔法の質問 22

関心を持つには？

・・・

いくらコミュニケーション力を高めたとしても、相手に興味や関心がなければうまくはいかない。
技術だけ持っている人に興味がないから。自分に興味を持ってくれれば、相手にも興味が自然と湧いてくる。「相手は何をしているんだろう？」「相手は何を思っているんだろう？」。相手の奥に飛び込んでみて昔にタイムスリップしてみてイマジネーションしてみよう。

みんなの答え

●相手を好きになる

●相手の趣味や興味のあることを聞く。
自分とかぶっていれば
めちゃくちゃラッキー☆

●相手の過去や歴史を知ること

●話をしながら、
「相手に役立つ情報を
私は持ってないかな？」と考える。
励ます言葉、褒めてあげる言葉、
労う言葉はなんだろうと考える。
それが、相手に
関心を持つことだと思う

第 1 章 ● 人間関係編

魔法の質問 23

どんな距離が
ベストですか？

人とそばにいることだけがコミュニケーションを生めることでもない。
ネットでやり取りすることだけがコミュニケーションを生めることでもない。自分と相手のベストな距離感が分からないとすぐに疲れてしまう。様々な距離を試して相手とのベストな距離と関わり方を見つけてみよう。今まで想像もしなかったスタイルがあるかもしれない。それは、どんなスタイルだろう。

みんなの答え

●必要なときに側にいられる距離

●つかず離れず……。
相手によって変わる

●わたしが心地よく居られる距離。
自分勝手だね(￣▽￣)

●大切な家族や親友とは、
スープの冷めない距離がいい。
苦手な人たちとは、
沖縄と北海道くらい
心が離れた距離がいい

●成長しあえる距離

●それぞれがその人らしくあれる、
我慢しなくていい距離感

魔法の質問 24

どんな時も与えていますか？

求めるよりも与えることを忘れがち。
特に自分に余裕がなくなった時。心の余裕、時間の余裕、お金の余裕。そんな時こそ、今ある環境に感謝して与えることをしていこう。

みんなの答え

●与えられていないことに気づきました。
心の余裕がなかったんですね。

●心に余裕がないと与えることはできない。
どうやって余裕を作ろう？

●うわ〜、できてない。
「くれくれモード」になっていました。

●与えることばかり考えて、
自分を空っぽにしてきました。
これからはまず自分を満たし、
その上で周りに与えていきたいです

●一番身近な家族に
与えられていなかったなぁ。
「give」を意識しよう！

第 2 章
ライフスタイル編

魔法の質問25「どんな休養が必要ですか?」
魔法の質問26「やる気がなくてもできることは何ですか?」
魔法の質問27「どんな気持ちを味わいますか?」
魔法の質問28「幸せな状態とは?」
魔法の質問29「どこの定期チェックをしますか?」
魔法の質問30「どんなお城を作りたいですか?」
魔法の質問31「自分の人生を生きていますか?」
魔法の質問32「便利と自然、どちらが必要ですか?」
魔法の質問33「何もせずに1日過ごすことはできますか?」
魔法の質問34「あなたの周りの当たり前は何ですか?」
魔法の質問35「何もないところの魅力はなんですか?」
魔法の質問36「帰るとホッとする場は、いくつありますか?」
魔法の質問37「どんな瞬間が豊かに感じますか?」
魔法の質問38「自分の体を愛でていますか?」
魔法の質問39「あなたの朝の儀式はなんですか?」
魔法の質問40「理想の1日は?」
魔法の質問41「今ある素材でどんな料理ができますか?」
魔法の質問42「どんなお弁当が心に残っていますか?」
魔法の質問43「どんな環境を変えますか?」
魔法の質問44「どんな立ち止まり方をしていますか?」
魔法の質問45「どちらの場に行きますか?」

第1章 人間関係編 ❹
第2章 ライフスタイル編 ❺❹
第3章 ビジネス編 ❾❽
第4章 お金編 ❶❹❹
第5章 未来編 ❶❼⓪

魔法の質問 25

どんな休養が
必要ですか？

・・・

「がんばろう！どうにかしなきゃ！」と思う時こそ、立ち止まることが必要。
そんな時にいろんなチャレンジをしたとしても空回りしてしまう。焦らず、先走らず、本来の自分を取り戻そう。

みんなの答え

- 海を見にいく、海に入る

- ひとり静かに山を眺めながら
  自然の音を感じる

- 映画を見に行く

- ひとり時間をとる

- ボーッとする。散歩する。
  ストレッチをする。人と会う。
  子どもと思い切り遊ぶ。
  料理や掃除をがむしゃらにやる

- ネコを撫でる。
  ヨガをして呼吸を意識する。
  この世は幻だと再確認しながら、
  全て笑いとばす！

魔法の質問 26

やる気がなくても できることは 何ですか？

・・・

やる気は出さなくてもいい。
やる気を出さなきゃできないことをするのではなく、やる気を出さなくてもできることを見つけていこう。大きなことでなく小さなこと。考えることではなく感じること。やる気を手放して今を感じよう。

みんなの答え

● フラッと出かける

● 好きな YouTube を観る。
好きなブログ、本を読む

● とにかく寝る！

● あったかいものを飲みながら編み物。
カタチにとらわれず、
ただただ感じたものを
ゆっくり編むこと

● 色を塗ってみる

● ピアノを弾いてみる

● まさに今日の私はやる気が出ない。
昨日の私はスケジュールを立てて
動き回っていたのに！
今を感じてみよう。
健康な心と身体に感謝しつつ、
好きな本や音楽を聴いて
ストレッチして深呼吸ならできる

魔法の質問 27

どんな気持ちを味わいますか？

・・・

コントロールしようと思っても、うまく行かないことのほうが多くある。
特に、気持ちはコントロールするものではない。味わうものだ。感情が湧き出ているということは、湧き出る理由があって生まれてきている。それを見ないものにするのではなく、出てきたものとうまく共存していこう。

みんなの答え

●感情をコントロールして
　モチベーションを
　無理に上げようとしていた。
　気持ちは味わう。
　気持ちのままに動いて、
　疲れてる自分を受け入れた

●娘の言葉に反応する私の気持ちを
　いったん立ち止まって味わいます

●「のんびりしたって大丈夫」
　っていう気持ち

●最近、病気の義母の態度にイライラ。
　自分の湧き出る感情の理由をみつめてみた。
　そうすると、
　「義母も私に迷惑をかけたくないのかもね」
　と別の心が動き出した。
　湧き出る感情の先に
　相手の思いも生まれて来るのか！
　喜び、悲しみ、怒り、
　全ての気持ちを抱きしめていきたい

第 2 章●ライフスタイル編

魔法の質問 28

幸せな状態とは？

● ● ●

幸せになりたい、と思うことはあるかもしれない。でも、そもそも幸せってどんなことを指すのだろう。幸せな状態とは？　幸せではない状態とは？　どんなことを望み、どんなことを望まないのかを改めて考えてみよう。

みんなの答え

● 自然と嬉しい気持ちになれる時

● 自分を心から信頼できる状態

● 幸せは気づくもの。
ちょっとしたことでも
Happyだと気づけるか。
究極は生きてるだけで
幸せと気づくことだったりして

● 当たり前の日常

● 衣食住と仕事が足りてる状態

● 心身が緩んでいる状態

● 信頼しあえる人といること

● 不満がない時、
自分より他人のことを思える時、
たぶんシアワセ

第 2 章●ライフスタイル編

魔法の質問 29

どこの定期チェックをしますか？

定期的にチェックをしよう。
自分を知ることで不具合を減らすことができる。具合が悪くなってから対応するのではなく、具合が悪くならないように予防する。そのためにも自分の体のために時間を割くことをしていこう。どこの定期チェックを意識しようか？

みんなの答え

●心と身体。大切に扱います

●心は趣味で、
身体は週末の温泉でリフレッシュ

●関節の動き。
体がかたいと心もつられて頑なになる

●毎日の感情の動き

●耳

●自分との対話を行っているか？
他人軸に振り回されていないか
を定期チェック

●財布の中身と貯金

●自分が発している言葉チェック

●姿勢。特にスマホやPCを使っていると、
姿勢が崩れて呼吸も浅くなるから
集中し過ぎないようにしないと！

第 2 章●ライフスタイル編

魔法の質問 30

どんなお城を作りたいですか？

・・・

自分のお城を作ってみよう。
自分の好きなように、そこにいたくてたまらなくなるような場を。かわいいお城。心地良いお城。創造的なお城。自分のいる場所をお城に変えてみよう。

みんなの答え

●夢中になれることに夢中になれる場所

●植物があふれ、のんびりできるお城

●誰もが入りたくて、
ついつい長居してしまうお城

●書斎のあるお城。
これまで読んできた本と絵本のコーナーで、
椅子に座ってじっくり読書を楽しむ！

●「おかえりなさい」と迎える家

●季節の移ろいを感じられる
小さな日本家屋。
畳の部屋には縁側と座布団。
柔らかな光が差し込む中、
お茶を飲みながら歓談も
一人静かに過ごすこともできる。
「あー日本人でよかった！」

魔法の質問 31

自分の人生を生きていますか？

― ● ● ● ―

欲しいモノが何でも手に入る。
でも、もし自由がなかったらどうだろう？ モノは一時の欲求しか満たされない。本当に得たいこと。大切にしたいこと。自分の気持ちを大事にしよう。そう、自分の人生を生きよう。

みんなの答え

●生きています！
これからもさらに
自分の人生を生きていく！

●曲がりくねって
見栄えは良くない道だけど、
意地を張ったり流されたりしながらも、
自分で選んできたと思うし、
これからもそうします

●自分の人生、生きてこなかったかも。
色にたとえたら、
透明をめざしてきた私。
自分の人生の色、知りたい！

●正直、時々、分からなくなる。
一人だけ置いてきぼりの
感覚になることがある

●今、自分の人生を生きるために
歩み始めたところでワクワクしてる

魔法の質問 32

便利と自然、どちらが必要ですか？

この2つは相反する。どちらかといえばどちらを取りたいだろう。人はより便利なほうを選び続ける。それが行き過ぎると自然を求めたくなる。自然に浸っていると便利さを求めてくる。そんな繰り返しだけど、あなたが望んでいるのはどちらか。本当に望んでいるものを選んでいこう。

みんなの答え

●便利さを優先します。
自然はたまにでいい。
怠けものだから。

●便利さと自然を
バランス良く求めたい。
自然が多い場所に住んでいるので、
便利を求める過ぎると
自然がなくなっていくのが分かるから

●自然を選ぶ。
風や匂いや見える風景、
全て心に刻まれる感じが心地いい

●欲張りだけど、両方欲しい。
平日は便利さ。休日は自然かなぁ

第 2 章●ライフスタイル編

魔法の質問 33

何もせずに
1 日過ごすことは
できますか？

・・・

あなたは 1 日、何もせずにいることはできるだろうか。
気を抜くと、何かしらしてしまう。いつものクセで。もったいないから、動いてしまう。
でも、することよりもしないことのほうが難しい。エネルギーを放出することだけでなく、エネルギーを貯めることも必要。じっくり、ゆっくり充電して、次に備えよう。

みんなの答え

●できちゃいます！
自分だけと過ごす一日。
ぼーっとして好きに動いて
食べたいものを食べる。
寝ぐせもそのままに(笑)

●できます。
定期的にそのような時間を持たないと
エネルギー切れになります。
でもそれって日頃から
消耗しているって事ですね…

●できません。休みの日も
スケジュールを立てて動いています

●ダラダラは得意。
でも何もしないのは難しい

●何もしないことに対して罪悪感がある

●ゴロゴロして過ごすと
逆に疲れた感があるけれど、
あえて「コーヒー飲んでぼーとできる日」を
設定したら気持ち良く過ごせそう

第 2 章 ●ライフスタイル編

魔法の質問 34

あなたの周りの当たり前は何ですか？

何事もなければ、その大事さがわからない。
気づかない。何かがあって、はじめて、何事もないことが特別なことだと気づく。ありがたさがなくなってから気づく。あなたの周りの当たり前はなんだろう。

みんなの答え

● 3年前、私はだまされて全てを失った。その時思った。普通にご飯を食べられて、お風呂に入れて、布団で寝られることがどんなに幸せなことか！

● 朝が来ること。帰る場所があること

● 毎日のように主人と顔を合わせること。当たり前すぎてありがたく思えなくなるけど、感謝しなきゃな

● しっかりしたインフラ。特に道路網。災害の時に気づかされるのが物流網の重要さ

● 家族がいること、ご飯が食べられること、仕事があること。他にもいろいろ数えきれない

第 2 章 ●ライフスタイル編

魔法の質問 35

何もないところの魅力はなんですか？

何かをするのではなく何もしない、をする。
見どころがない、行くところがない。それは短所ではなく長所。特に何もすることがないから語り合う。ただただ時を過ごす。食べて、眠る。そんな何気ない当たり前のことが豊かな時間。何かがあることではなく、何もないことの価値を知ろう。

みんなの答え

- 自分で時間を決めれるところ

- 対話が生まれるところ

- 何かを生みだす想像の余地、創意工夫の余地

- 何もないから夜はいつも早寝。ぐっすり眠れる！

- 空想に浸れるところ

- ハッとした。何かをしなくてはだめだという自分の固定概念があった。何もしなくてもいい、ただ在るだけでいい。

- この感覚を腑に落とせたら、悟り人なんだろうなぁ〜。常に気持ちだけ焦ってるわ〜

第2章●ライフスタイル編

魔法の質問 36

帰ると
ホッとする場は、
いくつありますか？

• • •

ココに帰ってくると安心できる。
そんな場所をあなたはいくつもっているだろう。もちろん我が家は、そんな場所のはず。でも、我が家だけでなく、他の場所でもそんな場があったら人生はより豊かになれる。ここにくるとホッとする。安らぐ。解放される。素の自分でいられる。そんな場所をいくつも作ろう。

みんなの答え

- 海
- 私が今から創る場所がまさにそうです！
- これからそんな場所を見つける旅に出ます
- ベッドの上！
- 気の置けない仲間といる場所。頑張らなくていい場所。素の自分で居られる場所。3つくらいかなぁ。最近知り合った人のほうが寛（くつろ）げる感じがします
- 自宅、実家。富士山が見えるところ（静岡出身で富士山見えるのが当たり前だったから）仙台（一時期出向してた）、温泉宿（山や川あるとこ）、トイレ
- 主人の隣、わが家、大好きな純喫茶、佐渡、ハワイ、親友の家、仲間とのお茶時間

魔法の質問 37

どんな瞬間が豊かに感じますか？

人によって豊かな瞬間は違う。
だからこそ自分の豊かな瞬間を知ろう。「お金」「健康」「時間」「愛（人間関係）」「環境」「才能」「教育」。あなたはどんな豊かさを選びたいか。そして優先順位をつけたいか。惑わされることなく自分の豊かさに忠実であろう。

みんなの答え

- 自分が本当にしたいことに気がつけた時、そのことでうまくいっている瞬間

- 粋でいられること

- 自由な時間が持てた時

- 崖っぷちで笑える時、やりたいことをやれる許可を自分に出せる時

- 朝日を見た時。家族、仲間、一緒にいる人たちと笑顔で過ごせた時

- 自分に共感してくれる仲間と出会えた時は「豊かな自分」を全身で感じる瞬間です

- お金の心配がないまま、自由に幸せに安心できている状態

魔法の質問 38

自分の体を愛でていますか？

・・・

誰かから癒されたい。
そう思って、マッサージにいったりセラピーを受けたりする。その時間も心地良いが、一番は自分が自分でケアしてあげること。自分の体をいたわり癒し、愛でてみよう。自分を一番愛することができるのは自分なのだから。

みんなの答え

●すっかり忘れてた…

●「愛でる＝触れる」。
手のひらで触れたところは、
本当にゆるんでいきます。
最近、足の裏を愛でる時間を
持つようになりました

●頑張ったねって
自分に声をかけてあげている

●２年前にメニエール病になって、
自分を大切にしてなかったことに
気がつきました。
当時はエステにいくのも
贅沢だな〜と思ってたけど、
今は東洋医学に出会い、
毎日自分でセルフお灸。
自分で身体をケアすると
元気になってくれるんです

●どうしても自分は後回しに……

第 2 章 ●ライフスタイル編

魔法の質問 39

あなたの朝の儀式はなんですか？

あなたは今日どんな朝を迎えただろうか？
バタバタしていると、あっという間に出かける時間になってしまう。そんな時はあなたなりの朝の儀式を作っておこう。5分間、目を閉じて何も考えない時間を取ってもよし。部屋を整え1日の始まりを感じるもよし。フレッシュなフルーツをジュースにして飲むもよし。あなたが心地良く1日を始められるようにいくつかの儀式を考えてみよう。そして、それを取り入れてみよう。きっとその日が素晴らしい日になるはずだ。

みんなの答え

●5分間のお片付け。
帰ってきた時に片付いてると
幸せを感じられるように

●朝食の準備。
主人が豆から挽いてくれる
コーヒーを飲むこと。
朝から感謝することができます

●娘にコーヒーをいれること。
深呼吸をすること。
鏡をみてニコッと微笑むこと

●毎日出来ることがあるって素敵！
カルディーのマンゴージュースを
毎日飲むのもありかな〜笑

●今している儀式は、
朝ご飯のお味噌汁で一息ホッとすること。
これからしたい儀式は、
頭の中のゴチャゴチャを
ノートに書き出すこと

第 2 章 ●ライフスタイル編

魔法の質問 40

理想の 1 日は？

- - -

理想の 1 日を知っているだろうか？
予定の 1 日ではなく理想の 1 日を描いてみよう。
何の制限もないとしたら。そして、その 1 日と今日がどのくらいギャップがあるかを比べてみよう。
その差を縮めることが今日すること。

みんなの答え

- ぐっすり眠って、
  日中は自分のペースで過ごしたい

- 睡眠・食事・仕事などに
  縛られずにしたいことをして、
  さらにスキマ時間も活用して、
  あらゆることを的確に消化できる1日

- ヤバイ、理想の1日が
  思い浮かばない……

- なにかに全力で24時間熱中して、
  倒れるように眠る！

- 今日が終わる時、
  充実感いっぱいで
  幸せと感じられる一日

魔法の質問 41

今ある素材で どんな料理が できますか？

あるもので、いかに美味しい料理を作れるか。美味しい料理を作るためにたくさん素材を買ってもいいが、限られた中で最高のものを作りだす。これは料理に限らず、様々なことにも通じる。あったらできるのにではなく、限られた中でチャレンジし続けよう。

みんなの答え

- 心を込めて作れば、
何を作っても美味しい。

- シーザーサラダも、
シェフがあるもので作ったら
人気メニューに。
大切なのは再現性！
記録を残し名前をつければ、
アイデアはどんどん広がる

- ないものばかりを探していました。
あるもので作ります。
今ある能力でいい人生を作ります。

- 料理なら
あるもので作るのが得意なのに、
他のことでは
「あれが足りない」
「これはまだ習っていない」
と考えていた

魔法の質問 42

どんなお弁当が心に残っていますか？

・・・

レストランもいいけど、それよりも家族が作った愛情のこもったお弁当がいい。そこには愛情がある。その愛はレシピには決して載らない。その人のことを想って愛を込めてどんなお弁当にするかを考える。そして心を込めて作る。ご飯をいただくというよりもエネルギーをいただく。どんなお弁当を次は食べれるかな。

みんなの答え

●子どもの頃のお弁当には
いつも玉子焼きが入っていた。
今でも心に残っている味

●息子のお弁当を毎日作っていました。
おかずが前日と重ならないように、
卵焼きも毎日違う味にしてたな

●高校時代に母が毎日作ってくれたのは、
ご飯とおかずに加えて、
おにぎりが5個も入った
ボリューム満点のお弁当でした！

●子どもの頃、
アレルギーがあった私のために
母が毎日欠かさず作ってくれたお弁当。
給食以上に温かった

●運動会のお重！
「巻きずし」「いなりずし」
「エビフライ」が必ず入ってた

第2章 ●ライフスタイル編

魔法の質問 43

どんな環境を
変えますか？

・・・

人は環境の変化を嫌がる。
今までと同じほうが心地良いからだ。でも、環境を
変え続けることも意識してみよう。適応能力が上が
り成長し続ける。

みんなの答え

●付き合う人をガラッと変える。
「自分はうまくいっていない。
だから頑張ろう」と生きてきたけど、
ひっくり返して付き合う人を変える

●環境をすぐに変えるには
身軽になること。
家庭環境を変えたい

●趣味の交友関係を広げる。
好きなこと、気になってたこと、
やってみたいことをやってみる

●ものであふれている部屋から
不要なものを今日捨てます。
環境を変えます

●仕事をする環境・場所・人を
自分より一歩先の人に合わせてみる！

第 2 章 ● ライフスタイル編

魔法の質問 44

どんな立ち止まり方をしていますか？

・・・

不具合が続くと、その連鎖は止められなくなる。焦って、慌てて、そしてそれが続いていく。そんな時こそリセットしよう。手を止め、足を止め、息を整え、心を整える。そして新たにスタート。うまくいかない時は、もがくのではなく立ち止まること。

みんなの答え

●その場ですぐに決めず、一旦離れる

●感じていることを書き出したり、
　信頼できる人に相談したり、
　　アウトプットする

●一人になってひと休みの
　一休さんのようにお茶をいただく

●「うまくいかないのが普通」と思って
　どうしたらいいかを考える。
　野球のバッターでも
　３割打ったら上位者なのだから！

●不安で立ち止まれない。
　周りに置いていかれそうに
　　感じてしまう……

●自分だけで何とかしたいのが
　本音だけど、助けを探す

魔法の質問 45

どちらの場に
行きますか

・・・

氣が上がりすぎた時は陰の場所へ行ってみよう。
落ち込んだ時は陽の場所へ出向いてみよう。自分で、
どうにかするだけでなく、
場の力を借りてみよう。偏ることなく、ニュートラルに自分を持っていこう。

みんなの答え

●静かな場所でゆっくり寝たい。
陰の場所ってことになるのかなぁ？

●今、ちょうどよい感じ。
このまま真ん中で、
にこにこ穏やかにいたいです

●場の力かぁ！
人にはよく頼るんだけど、
場所は考えたことなかったぁ、新発見！

●ちょっとだけ陰の場。
陽の場を得た喜びから
意欲が湧いて行動をした今は、
冷静に出来上がったものを
観察する為に陰の場へ

●自然の中。砂丘が好きかな〜

●最近、気持ちの良い公園をみつけた。
そこに行ってみたい

第3章
ビジネス編

魔法の質問46「何を提供しますか？」
魔法の質問47「誰に何を任せたいですか？」
魔法の質問48「質問を作るときに意識すると
　　　　　　　いいことは何ですか？」
魔法の質問49「伝わるために何をしますか？」
魔法の質問50「モードを変えるために何を変えますか？」
魔法の質問51「どこに身を置きたいですか？」
魔法の質問52「何にこだわりますか？」
魔法の質問53「どのように自分を磨きますか？」
魔法の質問54「あなたの必殺技は何ですか？」
魔法の質問55「何を突き詰めますか？」
魔法の質問56「どのようにすれば、自然と集まりますか？」
魔法の質問57「どんな世代の方を入れたいですか？」
魔法の質問58「何のアウトプットから始めますか？」
魔法の質問59「紹介したくなるものは何ですか？」
魔法の質問60「どんな分野の人と話をしてみたいですか？」
魔法の質問61「どんな雑談をしますか？」
魔法の質問62「関わる人を幸せにするために、
　　　　　　　何ができますか？」
魔法の質問63「どんな産みの苦しみがありますか？」
魔法の質問64「大豊作の種は何ですか？」
魔法の質問65「古いものにどんなエッセンスを
　　　　　　　加えますか？」
魔法の質問66「どんな背景を選びますか？」
魔法の質問67「何のやり方を変えますか？」

魔法の質問 46

何を提供
しますか？

・・・

仕事は見つけるものではなく生み出すもの。
どこで生み出すか？ それは人と人の間で生み出す。
目の前の人や知っている人や関わったことがある人がどんなことを求めているのか。そこで自分ができることは何か見つけてみよう。最初から仕事にしようとするのではなく、自分の得意と相手の求めるものを重ねていく。それが溢れたときに、仕事になっていく。

みんなの答え

- 「歌」と「真心」かな
- 人を笑顔にするような「美味しさ」
- 聞き上手を生かして、相手の心の扉を開いてモヤモヤをスッキリさせてあげたい
- ぷっと吹き出すような日常を「文章」にして読んでもらう
- 「筆文字アート」で自分を整え、笑顔を提供する。心に寄り添う。
- 「声」。絵本や短い物語を朗読したり、語ったりすることで相手の心をほぐします
- 健康に関する知識
- 遊び心。創作する部分。お互いの良いところを融合させて楽しみながら創作をお手伝い
- 私を通してプラスのエネルギーを受け取ってもらえるように「笑顔」を提供します

第3章 ビジネス編

魔法の質問 47

誰に何を
任せたいですか？

・・・

人には役割がある。
役割とは好きなことであり、得意なこと。そして、それを任せるのは、悪いことではない。むしろ任せたほうが相手は嬉しい。あなたは何を誰に任せたいだろう。

みんなの答え

● パパに運転を。
自分が苦手なものごとを専門会社へ

● 義母や母のサポートを
全部私がやるのでなく、
家族みんなで分担してもよいのかな

● 自分の生き方を
自分自身に任せる

● 自分のできることはするけど、
若い人達にお任せできることは
お願いしよう♥

● 母に母の人生を任せたい。
亡くなった父に、母を悲しみ、
苦しみから守ることを任せたい。
子ども達に子ども達の人生を任せたい。
夫に子ども達を守ることを任せたい。
そして私は自分の人生に
集中することを任せたい

第3章 ビジネス編

魔法の質問 48

質問を作るときに意識するといいことは何ですか？

・・・

質問を作るとき、どんな思いで作っているだろう。この質問にこう答えてほしい。この考えに従ってほしい。こちらの思い通りに動いてほしい。そう思って作ったものは相手に受け入れられにくい。質問を作るときはニュートラルに自分の思いを消して作ってみよう。

みんなの答え

- 相手の大切にしていることを聞きたい。
相手を形作った価値観を聞きたい

- 相手が幸せになる
未来を想像しながら作る

- どんな答えも正解と思って
相手の答えを聴くこと

- 質問は自分のためではなく
相手のためにする。
それには自分を
健やかに整えておくことが大切

- 質問で解決しようと思わない心

- 自分で答えを探すきっかけになる質問

- 相手をよく観察して
相手のキャラクターや
状況に合わせること

- 自分が聞きたいことでなく、
相手を自由にして心のタガをゆるめて、
心の底からの声が聞こえるような質問が
できるようになりたい

魔法の質問 49

伝わるために
何をしますか？

伝えても伝えても伝わらない。
伝えただけでは、分かったことにならないから。それは伝えた回数で決まるのではなく、腑に落ちたかどうか。それを測るには相手に話してもらうと良い。そのことを説明してもらえば伝わっているかどうかが分かる。どのくらい伝わっているかを話してもらおう。

みんなの答え

●伝わっているかを相手に
話してもらうという発想はなかった！
実践します！

●言葉をシンプルにする。
伝えたい気持ちを込める。

●事実・気持ち・要求を明確にする。
伝えたい要求は一個に絞る。
メッセージで伝える。
最後に「いかがですか？」を付け加える。

●相手に依存し過ぎていたかも？
明確にしたつもりでいただけかも？
スピードも求められるから、
考える力と直感的に把握する力を
使う必要がありそう

●伝えたいことを相手が受け取れる
タイミングかを、まず見ます。

第 3 章 ●ビジネス編

魔法の質問 50

モードを変えるために何を変えますか？

・・・

普段の仕事とは違うモードで過ごしてみよう。
休みの日も仕事モードになりがちな人もいるかもしれないけど、休みの時は思いっきり休む。休みモードに入るために、あなたは何をするだろう。普段仕事で使っているものを変える。環境を変える。しっかり自分をその場に置くことで、そのモードに入っていこう。あなたがモードを変える時に何を変えるといいだろう。

みんなの答え

●部屋の模様替え。
服装を楽なものに変える。アロマを焚(た)く。
場所を変える

●職場のデスクに花を置く

●料理をする

●通信機器から離れる。
深呼吸して、自分のことだけに
意識を向ける

●言葉遣いを変える、姿勢を変える、
立ち居振る舞いを変える、
食べ物を変える、飲み物を変える、
髪型を変える、服装を変える

●ドレスアップして少し緊張感を高め、
遊びの気持ちを10倍入れる

●仕事のメールを読む・読まないで
モードチェンジ

第 3 章 ● ビジネス編

魔法の質問 51

どこに身を
置きたいですか？

・・・

必要とされるところで自分を生きよう。もちろん、どんなところでも生きる価値はあり、働く意義もある。でも、もっともっとより自分が生きる場、生かされる場、活かされる場を見つけていこう。あとは、そこに身を置くだけ。

みんなの答え

●尊敬する先輩や仲間がいて、
いつまでも自分も
あの人のようになりたいと思える場所

●治療業界

●そのままの自分で役に立てる所。
心が温かい仲間がいる所。
お互い成長できる所。
良い化学反応がおきる所

●メンタルを痛めている人たちに
希望を与える場所

●自然と共に生きたい。
自然の中に身を委ねたい。

●これまで学んだことを生かせて、
私を必要としてくれる所へ

●マウントしたり、奪い合ったり、
蹴落としたり、
ギスギスした空気感の無いところ

第 3 章 ●ビジネス編

魔法の質問 52

何に
こだわりますか？

• • •

分業すると、よりたくさんの仕事ができ、たくさんの人に届けられる。
全てを自分で行うと、僅かな人にしか届けられない。あなたはどちらがいいだろう。もちろん、どっちも正解。1人で全て行うことができれば、全てにおいてこだわることができ、最高のオリジナリティとクオリティを提供できる。それを体験した人は感動してしまう。多くに届けるだけがいいわけではない。そんな仕事をこれからもしていきたい。

みんなの答え

- 自分が納得して、前に進むこと

- 欲張りだから全て経験したい。今は一人で活動をしてるけれど、たくさんの人に届く活動もやっていきたい

- 自分の思った通りにしてみること

- 仕事の質

- 目の前の仕事に自分が出せる100%を全力投球できるかどうか

- 丁寧さ

- 誰かに勇気と希望を与えることにこだわる

- つい自分の「正義」や「べき」にこだわっているけど、相手を喜ばすこと、自分を喜ばすことにこだわりたい

魔法の質問 53

どのように自分を
磨きますか？

スキルを磨けばできることが増える。
仕事も増えるかもしれないし、求められる機会も多くなる。でも、そのままの状態では長期的な関わり合いができにくい。スキルだけでなく、人としての魅力が必要。どのように魅力を磨いていくか見つけていこう。

みんなの答え

- ご縁を紡ぐことで、人との出逢いによって、自分も変わってゆく

- 心の琴線に触れるものに目を向ける

- 自分を愛する

- 趣味など好きなことを思い切り楽しむ

- わからない。質問に答え続けることで見つかるのではないかと思っている

- 目の前のことを楽しむ！

- 昨日より良くなっている自分を褒める

- どんな苦しい山でも逃げずに登る。そしたらきっと頂上で絶景を見れる

- 習い事を継続する

- 常に自分の心に聴いて、自分に正直になること

第3章 ビジネス編

魔法の質問 54

あなたの必殺技は何ですか？

― • • • ―

あなたはどんな必殺技を持っているだろう。
誰にも負けない、誰にもできない必殺技を。自分の技を磨き、自分の強みを活かし、いつでも出せるように準備しておこう。

みんなの答え

- もの調べ
- 鈍感力

- 物事を深く調べたり考えたり、本質を見つけ出すことは僕の必殺技だと思う。ただ、その分、疲れる……

- 諦めない、自分を信じる。何があっても！

- 受容力
- 笑顔
- 場当たり力

- 必殺！　臨機応変

- 苦手な人も美味しく食べられる、甘酒と小豆あん作り

- 話しかけやすさ、抜群らしい

- 応援すること。聴いて言葉を掛けること（必殺技には見えない必殺技！）

- 適当ーーー！（笑）

- 手先の器用さ、細かい作業

- 寝ること

魔法の質問 55

何を
突き詰めますか？

・・・

とことん突き詰める。
いつでも、いつになってもその姿勢は大事。うまくいくようになればなるほど、これでいいかと妥協する瞬間がやってくる。その瞬間を乗り越えて突き詰めてやっていこう。あなたの活動はプロの活動。だから、どこまでも、突き詰めて。

みんなの答え

●紅茶の探究!!
美味しい紅茶を入れ、美味しい紅茶を
たくさんの人に飲んでもらって、
紅茶を好きになってもらいたい!!

●音創りとサーフィン

●美しくあること

●感情の取り扱いや子育てを楽しむこと。
そして、その方法を伝えていくこと

●笑顔で農作業をすること。
笑顔でいればその波長は
土や野菜に伝播して行きますからね

●自分に正直になること。
潜在意識と顕在意識を一致させること

●日々の食事　●自分の本音

魔法の質問 56

どのようにすれば、自然と集まりますか？

― ● ● ● ―

コミュニティとは、どんなものだろう？
無理やり作るものではなく、自然とできるもの。
コミュニティを作るのが苦手、という方はきっと無理やり作ろうとしている。でも、本来、人が集まるということは自然と起きるもの。無理に作ろうとせず、自然に集まってくる手立てを考えてみよう。

みんなの答え

●やってて楽しいこと、
上達を共有できること、
お互いにアドバイスできること。
つまり、「遊び」だね

●飾らず素直な自分を出して、
出し惜しみせず、
あるものは全て提供する。
出せばまた入ってくるので、
常に出し続けられますよね！
奪う場ではなく与えられる場づくりや
自分でありたいと思います

●他者を変えるのではなく、
自分が変わり続ける

●目の前の人を大切にする、
やりたいを動機にする、
人数にこだわらない

●自分の好きなこと、
夢中になっていることの情報発信の継続

魔法の質問 57

どんな世代の方を入れたいですか？

今、一緒に活動をしている人たちが同世代ばかりであれば、世代をかき混ぜよう。
もっと上の人。もっと下の人。そんな人を、どんどん入れてみよう。見えるものが変わり、お互いが刺激を受ける。

みんなの答え

●80代以上の人。
戦争体験や今の世の中をどう思い、
何を願うのかを知りたいし、
それを子どもたちに伝えていきたい

●20代のこれから輝いていく若い世代

●酸いも甘いも経験されてる方がいると
コミュニティにとって刺激になるなー

●小学校に行っている子どもたち

●生まれたばかりの赤ちゃんの親

●10代の人。
大人の世界を少し知っていながら、
まだ柔軟さもあると思います。
変化への反応も早いので、
いい刺激になりますね

第3章●ビジネス編

魔法の質問 58

何の
アウトプットから
始めますか？

・・・

学ぶとうまくいく、そう思ってたくさん学んだものがあるかもしれない。
学びとは、インプットではなくアウトプットのことを指す。すでに持っているものをどんどんアウトプットしよう。それが役に立つ人が近くにいるはずだから。

みんなの答え

●自分自身が感じていることを
アウトプットすることから始めます

●今までの経験や最近学んだこと。
かなりのことを
アウトプットできるかもしれない

●ほぼ毎日ブログを書いて
アウトプットしています。
自分にとって当たり前のことでも、
もしかしたら
誰かのお役に立てるかも……

●ワクワクしたことを
ワクワクするように
掘り起こして伝えること

●資格を取ったばかりのもの。
取って満足で
終わらないようにします！

魔法の質問 59

紹介したくなるものは何ですか？

- - -

それを仕事にしようとするのではなく、気づいたら仕事になっていた。
そんな感覚を味わっていきたい。魂が喜ぶことをし続けること、そして目の前の人が喜ぶことをし続けること。さらに、見ている人たちが「これ、いいよ」と紹介せずにはいられないために、何ができるかを考えてみよう。

みんなの答え

- 愛のこもったものや、
愛のこもった仕事をしている人

- 新しい価値観で
暮らしている人たちの存在。
「新しい世界はもう始まっているよ」
と紹介したい

- 自分の期待を越えてきたもの

- 夕焼け。今日一日が無事に終わる感謝と、
この美しい儚さと明日への希望を
抱きながらじっと見つめる至福の時間

- 今住んでる街。
いつか訪ねてみてください！

魔法の質問 60

どんな分野の人と話をしてみたいですか？

・・・

同じ分野の人と話をすることが多いかもしれない。でもヒントはそこにはない。違う分野、違う考え、違う職種、普段出会わない人。そんな人の話に耳を傾けてみよう。自分たちとの違いが見えてくるはずだ。その違いが、発見をもたらす。

みんなの答え

- 自分の全く知らない分野の人

- 脱サラした人。ガツガツしていないのにめっちゃ稼いでいる人

- 世界中を好きな仕事で飛び回っている人

- 5次元に生きる人（笑）

- 死の淵をさまよい歩いて、生還した人

- 宇宙へ行って来た人

- 家を持たずキャンピングカーで暮らす人

- システムエンジニア、アナリスト、アフィリエイター。
自分の苦手分野の人の話を聞いたら拒否反応が起こるのか？
それとも、新しい発見がいくつもあるのか？
興味深いなあ

第 3 章●ビジネス編

魔法の質問 61

どんな
雑談をしますか？

かしこまって会議しても、いいアイデアは生まれない。カフェで雑談していると、いつのまにか、アイデアが生まれてくる。リラックスして夢中になる。それがクリエイティブな秘訣。真面目に取り組みたいときこそ、力を抜いて、楽しもう。

みんなの答え

●好きな人と心に浮かんだことを
　思いのままにおしゃべりする

●今、興味があることや
　起こった出来事について

●冗談を言いながら、
　リラックスして会話を楽しむ

●どんなことをやってみたいか、
　どんなふうに生きていきたいかを
　想像しながら

●相手からの雑談にたくさんのヒントが
　隠れていて、それを膨らませる

●好きなこと、夢、やりたいこと、
　ものの見方、趣味、育ってきた背景……。
　お茶を飲みながら時間を気にせずに

第 3 章 ● ビジネス編

魔法の質問 62

関わる人を 幸せにするために、 何ができますか？

・・・

関わった人全てを幸せにするために何ができるだろう。
それは大きなことかもしれないが、できる限りエネルギーの届く限り幸せにしてみよう。そうすることで、きっとあなたに会いたい人が増えてくる。あなたの魅力がどんどん広がってくる。自然と。そのために、まずは何をしようか。

みんなの答え

- 人の話をしっかり聞く

- まずは私が笑うー！

- 相手の気持ちを受け止められるような
自分でいること。そのために、
まずは自分自身が満たされていること

- 心を込めて挨拶をする

- 自分も相手も許す

- 私はあなたという人が
大好きだよと伝える。

- 毎朝、起きたら関わる
全ての人たちの今日一日の幸せを祈り、
元気にスタートできるための
エネルギーを送る。

- 目の前の「集団」ではなく、その中の
「一人ひとり」を意識する

第3章 ビジネス編

魔法の質問 63

どんな産みの苦しみがありますか？

・・・

産むのは苦しい。
でも、その苦しみがあるからこそ、みんなに求められるものが出てくる。より良いものを作ろうと、何度も何度も諦めることなく向き合ってみる。終わりのないものだからこそ、終わりに向かってひたすら進んでいこう。

みんなの答え

●期限があると完全に納得できるものが
　できなくて苦しい。
　期限がないといつまでたっても
　形や行動にならなくて苦しい……

●必死に考えても正解がないこと

●産み出したことで
　愛する大切さを教えてもらった。
　産み出すことは
　新しい世界を知ることになる

●そっか、産むのは苦しみを
　伴うことだったんだね。
　とにかく一曲作り上げる！

●耐えて頑張っても
　確実に何かを産み出せる保証もない。
　そんな所に
　本当の産みの苦しみがあるのかなぁ

●答えを見つける時、最後は自分一人。
　だから苦しかったし、
　時間もかかったのだと思う

魔法の質問 64

大豊作の種は
何ですか？

豊作は準備なしにはやってこない。
種をまき、水をやり、自然の中で育っていく。その
サイクルを繰り返し続けた時、そしてあなたのベス
トタイミングが来た時、大豊作がやってくる。その
ために、どんな準備をしようか。

みんなの答え

●人脈をつくる！

●目の前の人に誠心誠意向き合う

●まだ分からない。でもなんとなく、
幼少期にヒントがあるような気がする。
幼い自分が好きだったもの、
惹かれたもの、
得意だったものに種はある？
早く土の中から出たい

●エネルギーを養う

●お客様からのクレームがきっかけで、
ある学びを始めたら
それが数年後に実りになった。
今思えばあのクレームが
「種」だったんだな

●日々の生活が土台。
カラダとココロと向き合って、
ケアしながら日々を過ごすこと

魔法の質問 65

古いものに
どんなエッセンスを
加えますか？

古いものを新しく。
古いものの良さがある。そして、それは語り継ぐものであり、変えてはいけないもの。でも、その中にも変えていく要素があり、それを現代風に受け入れられるように変化させることで、さらに多くの人に受け入れられていく。あなたが取り扱っているものが昔からのものであれば、そこにどんな新しいエッセンスを入れるだろう。

みんなの答え

●系統の違う色やデザイン。
古いものを8割は生かしつつ、
それでいて新しく見える工夫をしたい

●古いけれどよいモノには、
真逆にあるものとコラボレーション
させてみるのも面白そう。
古い考え方が生まれてきた
背景や本質を理解して、
現代に取り入れると
より心地よいものになりそう

●ワクワク感

●古いものを修繕したり
リメイクしたり。
加えるエッセンスは、
そのものとともに、育まれた想い出を
慈しむ気持ちと感謝の気持ち

魔法の質問 66

どんな背景を
選びますか？

― ● ● ● ―

背景で語ろう。
本人が語るのもいいけれど、背景に語らせてみよう。
その風景は自分が話すよりも、ひと目で伝えるべきことを伝えてくれる。何を言うかも大事だけど、どこで言うかも大事。どの場をあなたは選ぶだろうか。

みんなの答え

- 山の稜線で。山々が全てを受け止め、応援してくれる感覚になれる

- 時間や歴史の流れを感じる自然や空間

- 私の農園を背景にして語ります。
農園を見れば、どんな思いで
どんな志を持って
どのようは心持ちで行動しているかが
一目で分かってもらえるから

- 癒される場で！
その時その時の今の自分が、
必要とする場や物に囲まれて

- リラックスできる空間。
心に余裕がある状態で伝えたい

魔法の質問 67

何のやり方を
変えますか？

・・・

今までのやり方でうまくいかない時は、どう改善すればいいかを考えるのではなく、全く違うやり方を生み出してみよう。
それをするには勇気がいるかもしれない。今までを手放さないと、新しいことはやってこない。

みんなの答え

- 現状をコントロールしようとすることを手放して、そのままを受け入れるようにする

- 他人が結果を出しているのを見ると妬む気持ちが出てくる。「周りは周り、自分は自分」の気持ちでいよう

- 誰かと同じ方法をやろうとすること

- 焦点を当てる側面を変えてみる

- 無駄な時間の使い方をやめる

- 完璧を目指さず、5割の出来でOKと思う

- いいなりになるのを止める

- 優先順位のつけ方。自分がやりたいことと健康を優先する

- ながら家事をやめる。両方とも中途半端

第4章

お金編

魔法の質問68「お金にどんな気持ちで
　　　　　　旅立っていってほしいですか？」

魔法の質問69「本当に欲しいものは何ですか？」

魔法の質問70「何にお金を使いましたか？」

魔法の質問71「お金の話を誰としたいですか？」

魔法の質問72「なぜ、お金はあなたのところに
　　　　　　やってくるのですか？」

魔法の質問73「どんな投資をしますか？」

魔法の質問74「愛とお金に共通することはなんですか？」

魔法の質問75「自分に何を注ぎますか？」

魔法の質問76「買えないものは何ですか？」

魔法の質問77「どんな価値を提供していきたいですか？」

魔法の質問78「今の仕事で、お金以外で何を
　　　　　　手に入れたいですか？」

魔法の質問79「仕事とお金の先に何がありますか？」

第4章●お金編

魔法の質問 68

お金に
どんな気持ちで
旅立っていって
ほしいですか？

・・・

あなたが持っているお金は、どんな気持ちであなたのところにやってきただろう。
あなたが持っているお金は、どんな気持ちであなたのところから旅立っていくだろう。お金には、人と同じような感情を感じることはできないかもしれない。けれど、もし、それができるとしたらどんな気持ちかを考えてみよう。そして、どんな気持ちで旅立っていってほしいかを考えてみよう。そんなお金の使い方をしていきたい。

みんなの答え

●ありがとう♥
友達たくさんつれて帰ってくるね♥

●この人を幸せにしてくるね！

●いつも助けてくれてありがとう〜〜♪
幸せな旅をしてね

●誰かの役に立ってくるね！
また帰ってくるよ〜！

●また誰かのパワーになってくるねー！
行ってきますー！

●「ありがとうねー。
とっても気持ちよく過ごせたわー。
あなたももっともっと
幸せになってねー」と、
言ってもらっていると感じます。

●遊んでくる〜

第4章 ● お金編

魔法の質問 69

本当に
欲しいものは
何ですか？

・・・

あなたが本当に欲しいものはなんだろう。
仮にお金が欲しいとしよう。でも、実はお金が欲しいのではなく、その先にある何かが欲しいだけ。その何かに気づくことをしてみよう。

みんなの答え

- 行きたいところへいつでもどこでも行ける自由な時間

- 子ども達を私学に通わせてあげるだけの教育資金、旅行に行ける十分な収入、好きなものを買える余裕

- お金のことを気にしなくても良い安心感

- 満たされた気持ち

- 穏やかに、必要な時に支え合い、微笑んで過ごせる世界

- 時間と健康と喜び。「働かなければ」「お金がなければ」といった固定概念を取り払いたい！

- 家族全員が、お金に縛られずに、気持ちを最優先にした選択ができること

第4章 ● お金編

魔法の質問 70

何にお金を
使いましたか？

・・・

どんなモノにお金を使ったのか。
振り返る機会を作ろう。何気なく使っているものも
結構ある。無意識にやっていることを意識するだけ
で、より本質的な使い方ができる。

みんなの答え

- 講座への参加費

- 自分磨き、プレゼント代、本、カフェ、交通費、食事の買い出し、日用品……

- 父を送ること

- 家族が喜ぶこと

- 考え方を知ること

魔法の質問71

お金の話を
誰としたいですか？

お金は、生きていくうえでは必要なもの。
でも、なかなか話すタイミングがない。話していいものかどうか分からない。話すとケンカになりそうで……。相手に任せておけば、なんとかなるはず。そんなことから話さずに今まできたかもしれない。
でも、大切なモノだからこそ、改めて話してみることも重要。お金の話をしてみよう。

みんなの答え

●家族

●信頼できる人と。
そしてこれからは、
信頼できない人にも、
信頼できないからこそ話します

●友人

●ファイナンシャルプランナー、
税理士、銀行員などの専門家

●自分自身

第4章 ● お金編

魔法の質問72

なぜ、お金はあなたのところにやってくるのですか？

なぜ、お金はあなたのところへやってくるのだろう？
それは、あなたが価値を生み出したから。喜んでくれる人がいるから。仕事をやればそれが嫌々したとしてももらえる、という感覚を手放そう。あなたが得意なことで楽しみ、価値を生むことでお金はやってくる。

みんなの答え

●役立つことをしたから

●お金は感謝のエネルギーだから。
自分が楽しく仕事をしてお客さんも喜ぶ、
そんな場所に行きたがるから

●価値交換ができたから〜(^O^)

●私が喜ぶから。
お金を使って
好きなことをして楽しんでいるから

●お金は必要な時に
必要な分だけやってくる。
余分が無いのが難点

魔法の質問 73

どんな投資を
しますか？

投資は今後の自分のためになるもの。
消費は今の自分のためになるもの。どっちも大事だけど、支出をどんな割合にするとよいのか考えてみよう。消費100%だとお金が残らない。投資100%だと味気ない人生。投資と消費をバランスよく。

みんなの答え

●私にとって旅は投資。
好奇心を刺激し、
新しい世界への興味を広げ、
学びや考えを深めて
人生を豊かにしてくれるから

●自分の成長や磨きのための
セミナー参加と事業の拡大に！

●人との交流や出会い、
学びに投資したい

●学びに投資したい。
でも、教材を買っても行動しなければ、
消費または浪費になってしまうかも……

●住環境を気持ちよくすごせるように
お金を使う

●子どもの学費や教育費は投資。
夢に向かって頑張っている
我が子を見ていると応援したくなる

第4章●お金編

魔法の質問74

愛とお金に共通することはなんですか？

― ● ● ● ―

愛とお金はどちらが大事だろう。
お金が大事なんて、あなたは愛がわかってないわ。愛が大事なんて現実を見てないわ。そんな声が聞こえてきそうだが、どちらが大事ではなく、両方を大事にすることが必要。なぜならば、この2つはつながっているから。どちらかだけ選んでも、受け取ることはできない。愛もお金も両方受け取ろう。

みんなの答え

●心を満たしてくれるもの

●豊かさ。豊かに思ってないと、
　どちらも受け取れない。
　心が貧しいと思っていたら、
　お金も愛も縁が無い

●共通することは自分次第だということ

●人を愛する人も、
　人に愛される人もいるように、
　お金を愛する人も、
　お金に愛される人もいる。
　そんな風に思う。

●なんとなく受け取っていては
　ダメなもの？

第4章●お金編

魔法の質問 75

自分に何を
注ぎますか？

・・・

資産を増やそう。
さて、あなたにとっての資産とは？　資産とは自分が持っている豊かさを増やすもの。そう、一番の資産は自分の体。心と体が健康であれば、どんなことでも生み出していける。何かに投資する前に、自分の健康にエネルギーを注ごう。

みんなの答え

- 素直な感情

- お水

- 自分に正直であること

- しっかり睡眠

- 言霊シャワー

- 子どもからのエネルギー

- 自分へのたっぷりの愛情と感謝

- たくさんのありがとうと、休息

- たくさんの太陽の光

魔法の質問 76

買えないものは
何ですか？

買えるものよりも、買えないものが欲しい。
いかに買いやすくするか？ いかに買ってもらうか？ そんなことを考えてしまいがちだが、価値あるものはなかなか買えないもの。だからこそ、買えないものを販売できるかどうかがとても大切。

みんなの答え

● 愛情、勇気、行動、
わたしの心の中

● 人の心。不老不死

● 時間。
一度過ぎた時間は取り戻せないし、
どれだけお金を持っていても、
過去を買い直したり
未来の時間を延ばしたりすることは
できないから

● 友情、信頼関係、健康、
自然な美しさ

● 子どもとの思い出

● 幸福感

第4章●お金編

魔法の質問 77

どんな価値を提供していきたいですか？

・・・

価値とは相手に対してどんなご利益があるのか？
ということ。
自分だけが価値と思っても、相手にとって意味がなければ仕方がない。あなたの中に眠っている、どんな価値を相手に提供していこうか。

みんなの答え

- 「なんだか前向きになった」「来てよかった」「出会えてよかった」という価値を与えたい

- 子どもを産んだばかりのお母さんが、私のオンラインスクールを受講したり、私に話したりすることで、気持ちが楽になって子育てに向き合えるようになる存在になりたい

- 自分を信じる勇気！

- う〜ん、何だろうなぁ……。よく人から言ってもらうのは、私と話して「私でも大丈夫と思えた」という言葉。悩むのは悪いことじゃないっていう安心感かなぁ

- 犬との暮らしを選んだ愛犬家に、スマイルをずっと届ける提案を発信したい

魔法の質問 78

今の仕事で、お金以外で何を手に入れたいですか？

・・・

仕事をすると、お金がもらえる。
それは当然のこと。でも、もしかしたらそれ以外にも手に入るものがあるかもしれない。手に入れることができるかもしれない。お給料をもらう以外に何を手に入れるか？ そんな想いで働いてみるのもいい。

みんなの答え

- 自由

- 休息

- みんなから信頼されたい！

- 人生の充実感。

- 職場での友情かな

魔法の質問 79

仕事とお金の先に
何がありますか？

———・・・———

何のために仕事をしているのだろう。
そして何のために仕事でお金を得ているのだろう。
そんなことを追求して考え抜いてみたい。仕事の先に何があるのか。お金の先に何があるのか。そこが見えると本当のやる気が見えてくる。

みんなの答え

- 「希望」があると思って働いています

- 夢の実現

- 人生のゴール

- 自分がどう生きたいか、があると思う。

- "どんな人生を築きたいか"、という問いが待っている

- 与える喜び

- 心の満足と平和

第5章

未来編

魔法の質問80「どんな革命が起きそうですか？」
魔法の質問81「どんな妄想をしますか？」
魔法の質問82「あなたの未来に未定はありますか？」
魔法の質問83「今の世の中でいいところはどこですか？」
魔法の質問84「何をして遊びますか？」
魔法の質問85「どんな刺激を受けたいですか？」
魔法の質問86「あなたにとっての、"いい"とは
　　　　　　　なんですか？」
魔法の質問87「夢からのヒントは何ですか？」
魔法の質問88「最もエネルギーをかけたいことは
　　　　　　　何ですか？」
魔法の質問89「何を主催しますか？」
魔法の質問90「3、2、1で何を歩みますか？」
魔法の質問91「目の前の人に何をしますか？」
魔法の質問92「どんな番組を作りますか？」
魔法の質問93「どんな失敗をしますか？」
魔法の質問94「今日も心が微笑んでいますか？」
魔法の質問95「バトンを受け取るのは誰ですか？」
魔法の質問96「師はどこにいますか？」
魔法の質問97「今を味わうために何をしますか？」
魔法の質問98「常に軽やかでいるために、
　　　　　　　どんな心がけをしますか？」
魔法の質問99「あなたはどんなデザインをしますか？」
魔法の質問100「どんな質問を投げかけたいですか？」

第1章 人間関係編
第2章 ライフスタイル編
第3章 ビジネス編
第4章 お金編
第5章 未来編

魔法の質問 80

どんな革命が
起きそうですか？

- - -

革命が始まった時は、多くの人は、それに気づいていない。
でも、しばらく時間がたってみると、あれが革命だったのかとやっと気づく。みんなが変化する前に一部だけが気づいていく。革命の兆しに目を向けよう。

みんなの答え

●ずっと動かなかった主人が、
新たな気づきを得て動き出しそう！
主人にとっては革命！

●今日、再スタートしたことで起きた
サプライズな変化。
そのスピードに革命を感じた

●思考ではなく
魂が「変わりたい！ 体験したい！」と
強く望んでいることに気づく時

●怖いと感じて踏み出せず、
自信がなくて出し惜しみしていた
自分の底力を出し切るタイミングがくる。
殻を破る勇気と覚悟で、
革命が始まりそう

●大きな変化でなく、
一歩ずつ諦めずに進んでいくこと

魔法の質問 81

どんな妄想を
しますか？

・・・

妄想をしよう。
妄想は想像になり、イマジネーションとして幻想を現実に変えてくれる。その妄想がリアルなものであればリアルであるほど。妄想には制限がない。垣根がない。もっと自由に思い巡らせてみよう。そして、それを現実の世界でも描いてみよう。

みんなの答え

●大きな一枚板のテーブルに
大好きな人たちが集まって、
それぞれ好きなことをしている。
皆の笑顔に癒されてる私！

●世界中の人が笑顔でいられる未来

●仲間とオシャレでちょっと古風な
かわいらしい薬膳薬局をつくってる。
カフェのように
ゆっくり過ごせる空間で、
街の人からの信頼も厚く、
リラックスしたスタッフの
明るい笑顔が
お客さんにも広がっている

●パリのアトリエ。
1年の半分以上はパートナーと旅をし、
創造を楽しみ、
お金もハッピーに循環している

魔法の質問 82

あなたの未来に未定はありますか？

人生は予定するもの、ではなく未定にしておくもの。勝手にどんどん予定を入れ、予定でなく、未定を選んで行こう。

みんなの答え

●あります！全てが未定＾＾

●幸運はいつも突然訪れるから！

●未定に対する不安と無限の可能性

●未定＝自由＝ワクワク＝自分発見

●未定だからこそ、今からでも、
　未来は変えられる

●未定でいいんだって思えると、
　気持ちが楽になりました！

●確定にしようとしていたから、驚き。
　いまから全て未定に!!

第5章●未来編

魔法の質問 83

今の世の中でいいところはどこですか？

・・・

世の中にはいいところがたくさんある。
いやなところも目につくけど、いいところに目を向けてみよう。きっと今のこの世界が「いいところなんだなっ」て実感できるはずだから。

みんなの答え

● 多様性が認められるように
なってきているところ

● SNS のおかげで
簡単に遠く離れた人や
出来事を知ることができること。
世界中の人とつながれる。

● 自分次第で選べることが多いこと

● お家の中のかしこい家電、
お掃除ロボット、コンピュータ、
スマートフォン、
そして、それが届けてくれる
夢の生活に感謝

● チャンスは必ずある。
ただ見過ごしたり、
躊躇したりしている自分がいるだけ。

魔法の質問 84

何をして遊びますか？

・・・

とことん遊ぶをたっぷりやってみよう。
めいいっぱい遊ぶことは、なかなかできそうでできない。だからこそ、子どもに戻った時のように心から遊んでみよう。

みんなの答え

●鬼ごっこ。缶けり。かくれんぼ。

●草むらを駆け回ったり寝転んだり、
泥んこになって自然を楽しむこと。
ダンスや音を楽しんで体を動かすこと

●五感をフル活用して、
海に近い砂浜で波の音を聞きながら、
裸足で砂の上を走りたい。
できれば、犬と一緒に！

●長ーい滑り台を滑りたい！

●思い切り走り回り、
大きな声で笑いたい

●テニス！ 友達とはしご酒！
映画に行く！

魔法の質問 85

どんな刺激を
受けたいですか？

・・・

刺激をたまには受けてみよう。
いつもと違う場所、空気、人、考え、文化。それを体験してみよう。毎日はいらないけど、たまに、刺激を受けることも大切かもしれない。

みんなの答え

●ちょっと心ウキウキする刺激！
春のオシャレ

●違和感を受け入れて、挑戦すること

●海外で広大な景色の中で、
いつもと違う空気を思いっきり吸いたい。
自分を知らない人に喋りかけてみたい

●小学校の運動会。
小学生のエネルギーを浴びてきます！

●人生初のラグビー観戦に！
ルールも選手もわからないけど
迫力があって楽しかった。
大人になって初体験、ワクワクした❣

●今は刺激を受け過ぎているかも。
処理能力が追いついていないので、
刺激のない時間を
作るようにしなきゃです……

第5章 ●未来編

魔法の質問 86

あなたにとっての、"いい"とはなんですか？

いいものがいいとは限らない。
大事なことは自分に合うかどうか。それを見極める力をつけよう。世の中が、いいと判断することと、自分がいいと判断することは違うということを知ろう。

みんなの答え

- 無理のないこと。迷いのないこと

- 生き物としての自然な活動に近い物

- 勇気をくれるものや人。触り心地の良いものや人。

- 安心して過ごすこと

魔法の質問 87

夢からのヒントは
何ですか？

・・・

どんな夢を見ただろう？
その夢には今日するべきヒントが隠されている。
悪いと思う夢だったとしても忘れられないくらい
の夢だったとしても。夢からのヒントをちょっと
試してみると現実が変わってくる。

みんなの答え

- オリジナリティ

- 答えは自分の中にあるってこと（かな）

- 自分の想い

- 今、当たり前に出来ていることに感謝する

- 全て上手くいくと確信を持つこと

魔法の質問 88

最もエネルギーを
かけたいことは
何ですか？

・・・

うまくいったら実行しよう。
その順番もいいかもしれないが、逆の順番でもいい。
何の制限もなくなったとしたら、何をするか？ の答えを大事にし、どのようにすれば？　の問いに答えてみる。その答えに最もエネルギーをかけて行動しよう。

みんなの答え

- 決めること

- 好きなことを勉強、研究する時間。
始めたばかりだけど、
毎日少しでもいいから続けたい

- クラウドファンディングを
使って大きな波を作り出す。

- 15kg 体重を増やすこと！

- 演奏会に向けて一日中、
クラシックピアノ曲の練習をしていたい。
旅行に行くのではなく、
自宅にいて大作曲家の時代へ
タイムスリップして、
安らいでピアノ音楽を味わいたい

- 日々の生活。人を喜ばせること

第5章 未来編

魔法の質問89

何を主催しますか？

・・・

いろんなものに、参加してみよう。
きっと、出会いや学びがあるはず。でも、もっと増やすには参加ではなく、主催してみよう。苦労は倍かかるが、そこでの出会いや学びは10倍になる。お金を払って参加するのであれば、お金を払ってでも主催してみよう。

みんなの答え

- 大好きな先生や友達の
得意分野をお披露目できる場

- 同窓会。高校の部活のメンバーとの
再会を企画したい

- 好きな本の読書会。
お互いに語り合って、共鳴しあえるかも

- ビブリオバトルみたいに、
自分の好きなことやモノを推奨し合う会。
決して否定せずに、
なんなら発表者が気分が良くなる質問とか
できればなお良し！…みたいな会

- 孤立している人が多い世の中。
誰でも参加しやすい、
ゆる〜い会を開催してみたい

第5章 ●未来編

魔法の質問 90

3、2、1で
何を歩みますか？

― • • • ―

ちょっとした勇気があれば大抵のことがうまくいく。でもその勇気が持てない。そんなときは3、2、1と数えて、一歩進んでみよう。そう、勢いに任せてみる。進んでみたら思ったより大したことなかったことも多くある。
だから数えてみよう、未来へのカウントダウンを。

みんなの答え

- 婚活、一生支えあえる誠実なパートナーに出会うこと

- ずっと放ってある片付けに着手する

- 実家暮らしをやめて、40歳で憧れの街で初めて一人暮らしを始めた。家探しも初めてで、何も分からないままのスタート。それでも工夫しながら毎日を過ごして勇気を出して挑戦！

- 歩き出す一歩に、断る一歩

- ずっと会いたかった人に会う準備

第5章 ●未来編

魔法の質問 91

目の前の人に何をしますか？

・・・

やりたいことが多いとき、遠くを見すぎていることがある。
遠くではなく目の前を見る。目の前の人が喜ぶことをとことんやってみる。そして、それを繰り返していく。これだと、やりたいことがいくらあっても大丈夫。

みんなの答え

●笑顔で挨拶 ^^

●その前に、
まず一杯のお茶を味わいます

●家を整える。
愛情を惜しまず表現する

●目の前の人に感謝を伝える。
一日一回喜ぶことを伝える！

魔法の質問92

どんな番組を作りますか？

あなたは誰にどんな想いを伝えたいだろう。
それをカタチにして番組にしてみよう。今は誰でも番組が作れる時代。昔ではできなかった今だからできることを実現していこう。どんなキャスティングで、どんなコンセプトで何を提供していくのか。

みんなの答え

● 親子で好きなところを言い合う番組

● 母のことを語る、
みたいな番組を作ってみたい！

● 新しく子猫を引き取る話。
家中が大混乱！
家族と先住ネコと子猫が
巻き起こす笑いと涙の番組。

● 大好きなトカゲの「今日の様子」。
私にしかわからないかもしれない可愛さ、
魅力、萌えポイントを熱く語る(笑)

● 自分を好きになれるような、
「みんなでほかの人の
いいところを見つけて褒め合う」
がテーマの番組

魔法の質問 93

どんな失敗を
しますか？

失敗しない方法を教えよう。
それは何もしないこと。何もしなければ失敗は絶対にしない。失敗とは何かにチャレンジしたり、何かに取り組んだときに想定と違った結果になること。だとしたら、求める結果をあなたが失敗と思うレベルに下げてみよう。そして、その結果が出たら、次はどんな改善をしようか？　と問いかけてみよう。

みんなの答え

●新しい企画を作ってどんどんやってみる。
想定の結果が出なそうだから
やらないではなく、
期日を決めて
やるべきことをやり切ってみる

●料理の仕事に挑戦してみます！
今からお店に連絡をします

●今朝、迷ってたことやってみます！
失敗するチャンスを作りまーす！

●子供の宿題管理を辞める！
怖いわー(笑)

●絵本を描いてみる。
ずっと思うだけで、
実行できなかったことをやってみる

魔法の質問 94

今日も心が微笑んでいますか？

・・・

心から笑えることをしていこう。
いや、どんな時も心だけでも微笑んでみよう。きっと辛いことがある時もある。そんな時は、笑い続けなくてもいい。泣きたい時は泣き、怒りたい時は怒っても。ただ、そんな時でも、心だけは微笑んでみよう。自分で自分に微笑みかけるだけでいい。

みんなの答え

●少し俯瞰(ふかん)して心を感じてみます

●心だけでも微笑む……。
まだよく理解できていないけど、
辛い時や悔しい時も
心だけは微笑んでみよう

●どんな自分の時も○をつけると
心が微笑みます！

●今日は微笑んでいない。
行動を起こして責める自分を手放そう

●少しブルーな気持ちに気づいたけど、
青空を見上げたら
感謝の気持ちが湧いて
温かい気持ちになった

魔法の質問 95

バトンを受け取るのは誰ですか？

今までの軌跡を残していきたい。
ただ、残すのではなく、その魂を受け継いでくれる人へ。今まで歩んできたその道を、これからも歩みたい人は必ずある。そこに道がある限り。そして、自分に変わってその道を歩み続け活かし続けてくれる人へとバトンを渡していこう。

みんなの答え

- 私の考えに賛同し、意志を継いでくれる人

- 子どもと孫

- 世の中の人が健康で幸せになるよう願ってる人

- 退職するまでに職場環境を整え、後輩たちに働く楽しさを感じてもらえる指導をすることで私の魂を残したい

- 誰もいない

- 私に興味のある方。凸凹でもやってこられた私に、少しでも共感される方や、私のいい所やまずい所から少しでも得られるものがあると思ってくださった方に

- 次代を担う子どもたち

第5章●未来編

魔法の質問 96

師は
どこにいますか？

・・・

師に出会いたい。
そう思って探してみても、
なかなか出会えない。探しても見つからない時は、
すでに周りにいるのに気づいていないという時。
全てが完璧な師を見つけるのではなく、一部でも
真似したいと思える師を見つけてみよう。すると
周りは師だらけのはず。

みんなの答え

- 師は本の中にいます

- もしかしたらあの人？

- 我が師は4歳の娘です

- 私の師は……、
2週間前に虹の橋を渡った愛犬です。
こんなにそばに師がおりました。
師との約束、奇跡の時間、感謝です…

- 師は、目の前の人です

- 私の周りに、本の中に、
映画の中にも、師は居た。感謝!!

- 嫌いと思える人から
学びがあることに気づいてしまった

魔法の質問 97

今を味わうために何をしますか？

• • •

悩みは2つ。
過去のことを後悔するのか。未来のことに不安をおぼえるのか。そして、悩みを脱する方法は1つ。過去にも未来にも行かず、今を生きること。今を生きるとは、今を感じることであり、今を味わうこと。ただそれだけで過去と未来への迷子にならずにすむ。

みんなの答え

●今日も家族全員で幸せだった、
健康だった、無事だった。
当たり前じゃなくて「ありがとう」と、
私たちを支えてくれたみんなに感謝したい

●自分が何に反応しているのかを
観察して、直観に従う

●感じた感情や想いを素直に感じる。
「うん、うん。そうか、
そうだったんだ。分かるよ」

●今この瞬間をどうしたら
快適で幸福な状態にできるかに
注意を集中する

●今、何にときめくか？
身の回りのものを片づけます

魔法の質問 98

常に軽やかでいるために、どんな心がけをしますか？

・・・

そこにとどまることなく、一定のリズムに縛られず、軽やかに動くことを意識する。
地に足をつける時期が必要だと思っても、すぐに行動を起こしてみる。言い訳や周りの目を気にせず、目的や理由を考えなくてもいい。ただやってみる、ただ行ってみる。それが始まり。行動に必要なのは、「やってみよう」という気持ちだけかも。

みんなの答え

●借りを作らない

●今まで「やらなければならない」と
　思っていたことを
　「やらなくていいこと」にする

●あれこれ余分なことを考えず、
　新しい出会いや経験をすることに
　重きを置き、自分の気持に素直に行動する

●手ぶらで行く！

●人生を複雑にしないよう心がける

●最低限、自分がいればいい。
　かばんに道具を入れて、
　いつでもどこへでも

第5章 ●未来編

魔法の質問 99

あなたはどんなデザインをしますか？

・・・

人生をデザインすること。
モノやグラフィックをデザインするだけでなく、人生をデザインしていきたい。より美しくより自分らしく持っている価値を最大限に引き出し、伝えるべき人に伝わる、そんなデザインを目指そう。

みんなの答え

●モノクロからカラフルへ

●病気になって弱者になって分かった。
「あ〜これいい！」「あって良かった！」
そんな優しい心になる
デザインをしてみたい

●自分の大好きな色にする。
そして余白は大事

●今の濁った色から虹色へ。
他人と色は交わらなくても、
それぞれが調和して同じ方向に
丸く巡る社会をデザインしたい

●私は一人が大好き。
でも、誰かの笑顔が私の幸せ。
最高に自由な
ソロプレイヤーとして人と生きる。
そんな私にしか描けない物語をデザイン

魔法の質問100

どんな質問を投げかけたいですか？

― ● ● ● ―

行動が変わると人生が変わる。
行動を変えるためには思考を変える必要がある。思考を変えるためには、自分に投げかける質問を変える必要がある。質問を変えるだけで人生は変わっていくから。

みんなの答え

●子どもの頃、
何をする時間が好きだった？

●本当にやりたいことは何？

●なぜ生きているの？
どんな最期を送りたい？

●行動しようとする時
「これは、あなたの wish ？」
と聞くことにしました。
心が自由になって
喜んでいるような気がします

●「神から与えられる
使命を選べるとしたら、何を選ぶ？」
最近、自分に日々問いかけています

●（未来の自分から今の自分へ）
「勇気を出して本当に
必要なものだけを残して、
手放しちゃいなよ〜（笑）」

おわりに

最後までこの本を読んでいただき、ありがとうございました。

この本に収められた100の質問は、どれもぼく自身が悩んだり、
迷ったりした時に助けられた問いばかりです。

人生には、正解のない選択肢がいくつもあります。
そのたびに「どうしたらいいんだろう」と立ち止まり、自分に問いかけてきました。

そして、問いに答えながら歩むことで、少しずつ答えが見えてきたのです。
問いを持つことは、自分の中にある答えを見つける旅です。

この旅は、決して他人から与えられるものではありません。
あなたの心の奥深くに眠る思いを掘り起こし、丁寧に向き合っていく。
その作業が、あなたらしい未来を作っていく大切な一歩になります。

「質問に答える時間なんてない」と思うこともあるかもしれません。
でも、質問に答えるのに必要なのはほんの10秒。
その10秒で気づいた小さな「答え」が、あなたの選択を変え、
人生の質を変えていくのです。

そして、その変化は時を経るほどに、
あなたの人生をより充実したものへと導いてくれるでしょう。

ぼく自身、忙しさに流されて、自分の気持ちを見失ってしまった時期がありました。
その頃のぼくは、仕事のこと、周りの人のことばかりを考えていて、
自分の心の声を聞く時間を持つ余裕がありませんでした。

結果、何かを成し遂げても心が満たされず、疲労感や虚しさが募るばかりでした。
そんな時、立ち止まり、たった一つの質問に答える時間を持つようにしたのです。

「本当はどうしたい？」

その問いの答えは、日によって違いましたが、
その時のぼくに必要な道筋をいつも教えてくれました。

この本を手に取ったあなたも、きっと今とは少し違う明日を望んでいるのだと思います。
その願いは、きっと叶います。

なぜなら、この本を手に取るという行動自体が、
あなたの中で新しい何かが始まった証拠だからです。

どうか、ここにある質問たちを繰り返し使ってください。

一度だけでなく、数ヶ月後、数年後に読み返してみると、
また違った答えが浮かぶはずです。

その時のあなたがどんな答えを見つけるのか、ぼくも心から楽しみにしています。

ぼくの問いは、あなたの中に眠る答えを引き出すための小さなきっかけです。そして、
あなた自身が見つけた答えが、きっと人生を豊かに彩っていくでしょう。
この本を通じて、あなたの人生が少しでも幸せに、そして充実したものになりますように。

ハワイの海の風を感じながら　マツダミヒロ

マツダミヒロ

質問家。ライフトラベラー。時間と場所にとらわれないビジネススタイルで世界を旅しながら、各国で「自分らしく生きる」講演・セミナー活動を行う。1年のうち300日は海外に滞在。カウンセリングやコーチングの理論をベースに、自分自身と人に日々問いかけるプロセスを集約し、独自のメソッドを開発。質問するだけで、魔法にかかったようにやる気と能力が引き出され、行動が起こせるようになることから、「魔法の質問」と名づける。ロンドン、プラハ、シンガポール、ニューヨークの国連の学校（UNIS）などボランティアで質問力の授業を行い、NHKやANA国際線で講演が放送されるなどメディアにも多く取り上げられている。ラジオ番組「ライフトラベラーズカフェ」は、Appleのベスト番組に選ばれ30万人を超す視聴者がいる。現在では5000人を超えるインストラクターが活躍。メルマガの読者は16万人以上。『聞くチカラ』（すばる舎）、『もう1つの居場所をつくる』（実業之日本社）、『本当に大切なことの見つけ方 人生のバランスを整える質問』（総合法令出版）ほか、著書は国内外で40冊を超える。

10秒で人生が変わる100の魔法の質問
～毎日の小さな問いかけで大きな変化を生む方法～

2025年2月7日　第1刷発行

著　者	マツダミヒロ © Mihiro Matsuda 2025
装丁	EmEnikE
編集協力	市橋かほる
編集	豊田欣之
発行人	岩尾悟志
発行所	株式会社かや書房 〒162-0805 東京都新宿区矢来町113　神楽坂升本ビル3F 電話　03-5225-3732（営業部）
印刷・製本	中央精版印刷株式会社

落丁・乱丁本はお取り替えいたします。
本書の無断複写は著作権法上での例外を除き禁じられています。
また、私的使用以外のいかなる電子的複製行為も一切認められておりません。
定価はカバーに表示してあります。
Printed in Japan
ISBN 978-4-910364-64-3　C0095